이 세상에 뭘 그리지

이 세상에 뭘 그리지

진 영 학 시집

● 序文

인생 1막 1장을 치열하게 살아온 삶을 뒤돌아보니
꿈꿔온 목표들이 어느덧 곁에 와 있다
사랑하는 아내와 동행하며
예쁜 자식들을 만나 행복한 보금자리를 꾸미고
티격태격 살면서도 서로의 부족한 부분을 채워가며
꿈을 키워온 60여 년의 세월
가슴에 새긴 목표를 향해 끊임없이 정진하며
일천 일백여 편의 시를 짓고
글쓰기에 게으름과 나태함을 이겨내기 위해
초승달 글방을 개설하여 문하생을 가르치며
창간호인 『글 병아리들의 합창』도 세상에 선보였듯
스스로를 채찍질하며 살아왔다.

1막 2장을 준비하며
또 하나의 꿈인 팔도강산에

우리글을 사랑하는 문하생들을 만나
함께 시를 짓고 논하며 살아가고자 한다.

盡人事待天命(진인사대천명)이라 했다.
내 스스로 열과 성의를 다한 후에
소풍이 끝나는 날까지 목표가 이루어지길 꿈꿔본다.

2022년
壬寅年(임인년) 새해 아침에

蕩松 陳榮學

제1부

창틀너머 그려진 세상

● 序文

4월 __ 13
강 전정(强 剪定) __ 14
검색 __ 15
꽃샘추위 1 __ 16
꽃샘 추위 2 __ 17
농업생태원에서 __ 18
바램 __ 19
배려 __ 20
봄꽃 __ 21
봄나들이 __ 22
봄날 __ 23
봄바람 1 __ 24
봄의 대화 __ 25
분봉 __ 26
뽕나무 __ 27
사람의 마음 __ 28
자연의 섭리 __ 29
잔디공원 __ 30
종달새 __ 31
질투 __ 32
짝사랑 1 __ 33
창틀너머 그려진 세상 __ 34
추억 1 __ 35
추억 2 __ 36

제2부

그대 향한 그리움

3. 1절 __ 39
겨울비 __ 40
고향 __ 41
궁금증 __ 42
그대 향한 그리움 __ 43
그리운 마음 __ 44
그리운 어머니 __ 45
그리움 __ 46
근심 __ 47
기다림 __ 48
기원 __ 49
깨달음 __ 50
노화 __ 51
눈동자 __ 52
러브스토리 __ 53
독백 __ 54
메모장 __ 56
명함 __ 57
모나리자 __ 58
문자메시지 __ 59
미팅 __ 60
밑줄 1 __ 61
봄바람 2 __ 62
봉사 __ 63
부대찌개 __ 64
비석치기 __ 65
사랑할 수 없는 그대 __ 66
삶의 지혜 __ 67
삶이란 매듭 __ 68
설거지 __ 69
소문 __ 70

제3부

오늘 따라

손맛 1 _ 73

송편 _ 74

崇祖園(숭조원)에서 _ 75

시 창작 _ 76

쌀뜨물 _ 77

아침 창가에서 _ 78

아파트 _ 79

알 수 없는 그대 마음 _ 80

어찌하면 좋을까요 _ 81

여선재 _ 82

오늘따라 _ 83

올바른 삶 _ 84

못걸이 _ 85

왜 그런 걸까요 _ 86

외기러기 사랑 _ 87

욕망 _ 88

용기 _ 89

우리에게 필요한 것은 _ 90

전문가 _ 91

전을 부치며 _ 92

종이 _ 93

좋은 글 쓰고 싶다 _ 94

짝사랑 2 _ 95

청소 1 _ 96

청춘의 봄 _ 97

추억 3 _ 98

춘곤증 1 _ 99

춘곤증 2 _ 100

출근길 _ 101

칫솔 _ 102

행복 _ 103

형수 _ 104

제4부
알 수 없는 마음

겨울 준비 __ 107
꿈 __ 108
동행 __ 109
땅따먹기 __ 110
몽당연필 __ 111
뭘 그리지 __ 112
믿음 __ 113
밑줄 2 __ 114
보온병 __ 115
볼펜 __ 116
빈 항아리 __ 117
사진 촬영 __ 118
손맛 2 __ 119
알 수 없는 마음 __ 120
연륜의 맛 __ 121
욕심 __ 122
입맞춤 __ 123
종이비행기 __ 124
청소 2 __ 125

촛불 __ 126
탁상달력 __ 127
팽이치기 __ 128
감자심기 __ 129
농부의 마음 __ 130
농부의 눈물 __ 131
배추밭에서 __ 132
상황버섯 __ 133
생명 한 그릇 __ 134
양파 __ 135
유채 __ 136
청명 __ 137
호접난 __ 138
홍연(紅緣) __ 139
고인들의 명복을 빌며 __ 140
노년의 기원 __ 143

제1부

창틀너머 그려진 세상

4월

자전거 타고 강변을 달렸어
속도를 줄이니
세상이 눈으로 들어오는거 있지
냇가 어귀 살피는데
버들강아지 물이 올라 있는 거야
피리 만들어 입에 물고 부는데
바람난 잉어 떼 풀섶에서
유전자 검색하고 있나봐
봄도 무르익으며 성숙해가네

강 전정(强 剪定)

참새들이
울안 향나무에 둘러앉아
반상회를 하나 봅니다

창가에 기대어
귀 세우고 들어보니
저를 성토하는군요

진실을 알릴 길 없어
그 사연 터득할 때까지
가슴을 열어두었습니다

검색

강변에서
버들강아지 찾은 적 있지요

지금은
인터넷에서 찾고 있습니다

홍수처럼 빠르게 밀려오는
정보화 시대 살잖아요

꽃샘추위 1

아지랑이 피어올라서
추위는 없을 줄 알았습니다

봄바람 맞은 꽃이
가슴을 부풀어 올리는데
때 지난 냉기가 찾아왔어요

놀란 생태공원 바라보니
누렁 잔디 봄볕에 가슴 데우고
부드러운 옷으로 갈아입어도
마음은 편하지 않았겠구나

꽃샘 추위 2

매화나무 가지 끝에
겨울이 매달려 녹듯

내 마음의 끝자락에
매달린 그대 그리움
애간장 녹여주겠지

농업생태원에서

나무들이 공원에 서서
공부를 합니다

하루도 쉬지 않는 열정에
새들이 찾아오고
커가는 그림자 따라
사람들도 쉬어가네요

공원에 앉아
국어, 수학, 물리, 화학
심지어 미술도 독학해서
텅 빈 가슴 가득 채웁니다

바램

백목련은
깨끗한 봄을 기다리고

내 마음은
다정한 그대 생각 기다리고

배려

눈보라치는 골목길에서
아이들이 미끄럼을 탑니다

철부지들이야
빙판 놀이가 좋다지만
세월 먹은 걸음은 두렵네요

그냥두면 넘어질 것 같아
내 이웃 안전 위해
길바닥에 사랑을 심었습니다

봄꽃

이른 4월에
벚나무가 바람이 났나 봅니다

성급한 마음은
가슴에 예쁜 꽃을 피웠어요

이봄 떠나기 전에
사랑의 열매 맺고 싶은가 봐요

봄나들이

은행나무가 차렷 자세로
줄지어 서 있는
평택시농업기술센터 걷는다

지난 가을
손을 흔들어주던 코스모스
작은 풀잎과 봄을 퍼 올리고

나들이 나선 아가는
엄마 마음 알기나 하는지
놀이터에서 흙 놀이만 합니다

봄날

봄 햇살은 아지랑이로
처녀가슴 흔들고

나는 그대 마음에
그리움을 싹틔우고

봄바람 1

가을에 떠났던 님
봄기운 안고 만나려는데

아지랑이 길에
옷깃을 여미게 하는
바람이 불어오면
어떻게 할까요

봄의 대화

목련꽃은 봄바람으로
님의 마음 흔들고

나는 그리움으로
사랑을 속삭이고

분봉

살아온 곳간 가득
먹을거리 쌓아놓고
빈손으로 떠나가네요

새 생명이 탄생하면
떠나주는 것이
자연의 이치라지만

자자손손 대대로
훈육을 받았을까?

뽕나무

창덕궁 후원에
터 잡은 뽕나무가 있다

400살 된 노거수
여린 새잎 돋워내고

잘 익은 오디
옛 추억 상기시키는데

보랏빛 물들이네요
그대 가슴에

사람의 마음

봄 햇살은
내 가슴에
그리움을 주지만

가을 햇살은
내 가슴에
쓸쓸함을 준다

자연의 섭리

참나무 잎이
냉동건조 해놓은 듯
나무 가지에 매달려 있네요

우리네 삶도
이승을 떠나기 아쉬워
치적을 남겨놓으려는 걸까

우리들 몸이 눈 감으면
내 것이 아니라서
새 생명에
자연스레 물려줄 수밖에

잔디공원

넓은 잔디밭에서
아이들이
공놀이합니다

관리인은
움트지 않을 때 밟으면
훼손될 수 있다지만

나는
아이들의 건강 위해
두 눈 질끈 감았습니다

종달새

보리밭 사잇길로
새참 들고 가는데
높은 하늘 종달새
솜털구름 물고 숨네요

고개 숙여 찾아보니
보리밭 이랑에
보금자리 마련하고
가슴을 달구는군요

질투

구름은
왜
하늘을 가릴까

하늘은
내 마음에 담겨
내려올 수밖에 없는데

아무리 생각해도
그 마음
알 수 없네요

짝사랑 1

호미 들고
들녘에서 봄을 캤습니다

바구니에
그대 마음 가득 채웠지요

그 안에
내 마음도 담고 싶어서

창틀너머 그려진 세상

아침햇살 비춰오는
농업생태원에
때 이른 봄이 찾아 왔군요

핏기 잃은 생명들이
봄바람에 움직이는 것을 보니
푸른 꿈을 꾸고 있나 봅니다

모래 빛 잔디밭에도
창문을 넘어오는 빛들이
함께 뛰어놀고 있네요

추억 1

너른 들녘에
그대 마음을 심었습니다

기쁨을 가득 담아
밭이랑 두둑에
행복도 함께 뿌렸지요

그대와 꽃 나들이 생각하며
추억을 꿈꾸었습니다

추억 2

고목은
그대와 만남
그려주고 싶어
그늘을 만들고

나는
옛 추억
회상하고 싶어
생각에 잠긴다

제2부

그대 향한 그리움

3. 1절

3. 1 만세운동이
대문에 걸려 있습니다

봄바람에
펄럭이는 깃발을 바라보며
그 시절 님들을 생각했어요

100년이 지난 일이지만
평화를 사랑하는 민족이란 걸
세계만방은 알고 있겠지요

겨울비

소한절기에
철없는 비가 내립니다

그대들은
함박눈 기다리겠지만

내 가슴엔
농심(農心)을 심겠습니다

고향

내 살던 터전
떠나지 않으려 합니다

사랑하는 님과
소담스런 마음 나누고
정 엮으며 살 곳 있을까요

타향도
살다보면 정 든다지만
어머니가 없거든요

궁금증

이 세상
즐겁게 살려면
기쁘게 살려면
행복하게 살려면
가슴을 비워야 할까요?

이 세상
즐겁게 살면
기쁘게 살면
행복하게 살면
가슴이 가득 찰까요?

그대 향한 그리움

먼데서 오시는 그대
도착하기 전에
장작불 핀 방 준비하렵니다

가슴으로 파고드는 그리움
사랑으로 삭일 수 있게

그리운 마음

못 견디게 보고 싶어
그리워지면
문자를 보내겠습니다

내 마음이 그대 가슴에
별이 되어 박히면
사랑을 속삭이겠지요

인생을 살아간다는 것은
그리움 없이 못산다지만
오늘은
그대 가슴에 갇히고 싶네요

그리운 어머니

눈이 오는 창가에 앉아
차 잔에 담긴 세상 바라봅니다

어머니가 하늘에 앉아
솜털을 날려주네요

보고 싶은 마음이야
당신을 그리고 있지만
따스한 온기로 달랠 수밖에

그리움

홍동백서 조율이시
정성가득 차렸습니다

그토록 바라시던 유전자들
한자리에서 당신을 기립니다

살아생전 보았다면
흐뭇한 마음이었을 텐데

설날아침 당신의 빈자리에
말없는 가슴 아려옵니다

근심

살다보면 겪게 되는
그 마음 전해 왔습니다

세상일에 마음 비우고
있는 듯 없는 듯 살아왔지요

미워하는 그 마음이
미움 받는 이 마음보다
가슴이 더 아파올 텐데

미움이야 자유지만
가슴에 난 상처 깊어질까 봐
그 마음 염려되었습니다

기다림

그대가 온다 하기에
대문밖에
마음을 내보냈습니다

사람들은
진득하게 기다리라지만

빨리 보고 싶은 생각에
까치발 들고
동구 밖 내다보았습니다

기원

날이면 날마다 어머니는
장독대에 정안수 올려놓으셨습니다

당신보다 가족을 위해 오가며
시나브로 두 손 모아 빌고 빌었지요

어머니의 지극정성에 감동한 하늘
자자손손 안녕(安寧)을 전해주려나 봅니다

깨달음

철들자 이별이라더니
이제야 알았습니다

곁에 있음이 소중하고
있을 때 잘해야 된다는 것을

노화

잠자리에 누운 아내가
가슴 아픈 소리 합니다

아이고, 다리야

사랑이 숙성된 만큼
너무 익었나 봐요

눈동자

그대 마음 얻고 싶어
내 가슴을 열었습니다

맑은 창(窓)에
내 모습 비치길래
그 마음 궁금했지요

똑바로 바라보면
속마음 알 것 같아
안경을 올려 썼습니다

러브스토리

마당 한켠 파라솔 벤치에 앉아
아내와 심은 꽃과 차 한 잔을 합니다

바위 돌 틈 금낭화
아지랑이에 취해 고개 내밀고
우물가 조팝 봄맞이 폭죽 터트리는데

거실에서 흘러나오는 피아노 음율
아직도 쌓을 사랑이 남았는지
님의 마음이 건반위에서 춤추고 있군요

독백

나 오늘 너무 보고 싶었어
그리움 달랠 길 없어
창문에 비치는 그대 그림자 보았지
뒤돌아서기에는 발걸음이 떨어지지 않아
호주머니 폰을 꺼냈어
번호를 누르려다가 걸지 말라던 말에
마음이 흔들렸지만 용기를 내었지
목소리가 들려오면 무슨 말을 할까
신호음만 가고 무응답이었어
생각해놓은 말들
머릿속에서만 맴돌고
되돌릴 수밖에 없는 발길
전화기 너머에서 목소리가 들려왔더라면

나
그대가 너무 보고파
대문 앞에 와 있어
오늘 밤
그대 모습 보지 않으면
그리움에 잠 못 이룰 것 같애
그대 좋아하는 이 마음
꿈길을 함께 걸을 수 있게

잠깐 예쁜 마음
보여줄 수 있지
나올 때까지 대문 앞에 있을 거야

메모장

그대가 소식을 보내오면
휴지통으로 버려진 사연
가슴가득 쌓여 갑니다

마음 한 장
그대 가슴에 보내고
또 한 장은
그대 마음에 보냈지요

그대와 헤어질 수 없어
문자메시지 창 열고
그리움 가득 채웠습니다

명함

오랜 세월 함께했던
친구가 찾아왔습니다

반가운 마음에
인사를 시켰는데
강한 이미지가 남도록
특이하게 소개하더군요

제 얼굴이 명함이죠

모나리자

웃는 모습이 아름다워
엷은 입술이
가슴을 두근거리게 하고

알 수 없는 그대 영혼
풀고 싶어
내 마음에 커피를 타고

문자메시지

그대가 오늘도
아니 오시려나 봅니다

문자로 그리움을
그대 가슴에 띄웠지만

무소식의 의미
가슴에 새기었습니다

미팅

물음표 가슴가득 채우고
청춘을 공부하러 갔습니다

보면 볼수록
나도 모르게
입가에 스미는 미소

내 가슴엔
바이러스가 넘쳐났습니다

밑줄 1

보내온 소식에 펜을 들고
가로로 선을 그었습니다

그대 마음 깊은 곳에
내 마음도 따라
심쿵한 부분 줄쳤는데

밑줄로 이어진 문장
자세히 살펴보니
사랑이 싹트나 봅니다

봄바람 2

푸른 소나무는
봄바람에 솔잎이 흔들리고

내 가슴은
봄 마중 그대 마음에 흔들리고

봉사

남모르게 선행했다는 뉴스가
화면 가득 채우고 있습니다

불우한 이웃 위해
평생을 바쳐온 분이라네요

오른손이 하는 일을
왼손이 모르게 하라

우렁각시는
누구에게 교육 받았을까

묻지 마세요
당신도 봉사하고 있냐고

부대찌개

김장 김치에
부대고기와 햄 넣고
자글자글 끓였는데
맛이 심심하네요

어쩌죠
님의 정성이
손끝에서 덜 숙성되었군요

비석치기

골목길에서
비석치기 놀이한 적 있지요

지금은
가상공간에서
추억거리를 찾고 있습니다

가만히 들여다보니
내 마음에선 코흘리개들이
그 놀이에 빠져 있네요

사랑할 수 없는 그대

가슴속에
사랑하고 싶은 님이 있습니다

날마다 그리움에 가슴앓이하지만
다가설 수 없네요

그대 마음속에는 내가
추억으로 남아있을 테니까요

삶의 지혜

거울에
나를 비춰봅니다

이미 저지른 일
물어 보았어요

머리는 잘못이 없다지만
가슴은 떨려오네요

이제 알았습니다
가슴으로 살아야 한다는 것을

삶이란 매듭

눈 감고 생각해 봅니다

살아온 날들이 행복했냐고

다 비워내고 살아보았냐고

설거지

날마다
아내의 놀이터에서
수세미질 합니다

누가 보면 쑥스러워
얼굴 붉히지만

깨끗해진 그릇 속에
한가득 행복 담고
아내 몰래 쌓아 올립니다
깊은 정을

소문

온 누리에 떠도네요
우리들의 속삭임

그 이야기
당신이 퍼뜨렸군요

입술로 살짝 가려볼거나
누가 듣지 못하게

제3부

오늘 따라

손맛 1

예전엔 손님이 오면
어머니는 상차림 했지요

지금은 어머니도
맛집에서 외식을 합니다

세월이 손맛을 이끌고
너무 멀리 왔나 봐요

송편

뒷동산에서 솔잎 따다가
송편 만든 적 있지요

지금은
시장골목 떡집에 갑니다

사람 사는 정
느끼고 싶어서

崇祖園(숭조원)에서*

고향 떠난 선조가
후손을 기다리는 한식날
아내와 종산을 찾았습니다

개나리, 벚꽃
흐드러지게 내 맘 흔들고
맑은 햇살 따스하게 비추는데

조상님께 드리는 문안인사
내 가족 무탈하길 빌고 비니
산자의 욕심은 끝이 없나 봐요

*麗陽陳氏 盤谷門中 公園墓園

시 창작

별들이
잠자리에 들 시간
시작법 공부합니다

브로카 영역* 이야기들이
비엔나소시지처럼
줄줄이 엮여 나오더군요

써 내린 글을
컴퓨터 화면에 띄워놓고
베르니케 영역* 해부했습니다

---

*브로카 영역 : 대뇌 겉질에서 운동 언어 중추가 있는 구역. 대개 왼쪽 대뇌 반구의 아래 이마 이랑 뒤쪽 부분에 위치한다. 이곳이 손상되면 말을 듣고 이해할 수는 있지만 근육의 협동 운동이 되지 않아 말을 제대로 할 수 없다.
*베르니케 영역 : 언어를 담당하는 뇌의 후방에 위치한 영역. 이 부분에 손상을 입으면 두서없고 산만한 언어를 산출한다.

쌀뜨물

밥을 안치고
쌀뜨물에 된장 넣어 아침을 끓였습니다

날마다 때가 되면
가족들 건강을 생각하지만
오늘은 어머니의 옛이야기 그리웠어요

된장 내음 흡착한 사랑의 손맛
손끝에서 어머니의 사랑이 함께하네요

아침 창가에서

이른 아침
사랑한다 합니다

사랑하는 분과
인생 길 걷고 있는데
내 가슴 흔드네요

아침 창가에서

아파트

핵 분열한 사람들이
콘크리트 숲에서 살아갑니다

현관문부터 걸어 잠그고
스스로 감옥에 갇혀
세상 사람들과 단절하네요

집을 마련할 적 어머니는
콘크리트 숲에 난 길은
찾을 수 없다 하신 말씀

세월이 지나 생각해보니
갇힌 삶이 싫었나 봅니다

알 수 없는 그대 마음

아직도 그대 마음
알지 못하고 살았나 봅니다

가슴 열고 인생을 말하면서
믿음 주며 즐겁게 살아왔는데

경계선을 벗어나버린 연민
강물위에 던져버린 짚신처럼
그대 마음에서 사라지나 봐요

어찌하면 좋을까요

그대 마음이 자주 바람을 넣어서
내 가슴이 풍선처럼 부풀어 올랐어
믿음이 깊어 그 바람 받아들였는데
숨겨놓은 언어로 꼭 찌르는 거 있지
내 마음이 빠져나가 가슴이 텅 비었네
어찌하면 좋을까요

여선재

참나무 정령이 병풍 친
마안산 자락에
나비 한 마리 날아들어
살포시 앉았습니다

히말라야 산맥 정기 안고
평택호를 품으며
인류 평화 몸짓으로 노래하는
카니 선생이 살고 있지요

고즈넉한 산새 기운 안고
풍류객들이 흥에 취하라고
연잎 막걸리에 붓 담그며
한 폭의 풍경화 남기네요

오늘따라

오늘따라
그대가 보내준 마음이
무거워 보이네요

지난밤 꿈속에서
나를 만나지 못해서일까

이른 아침
찻잔 속에 맑은 마음
그대에게 보냅니다

올바른 삶

평생을 살면서도
알 수 없는 허상에 대해
화두를 던졌습니다

저승은 어디인가
어떤 세계인가 물어봐도
내면의 공허한 메아리뿐

그곳으로 여행 갈 때까지
손가락질 받지 않는 삶
세상 그렇게 살라하더이다

못걸이

하루 종일 동행한
마음을 걸어놓았습니다

검은머리 파뿌리 된 세월
희로애락 함께 했지요

벽에 걸린 치적 바라보며
덧없고 부질없다 생각하니
산 오르고 싶은 것은 왜일까

왜 그런 걸까요

사랑의 깊이가
얕다고 하지 말아요

살아온 지난 세월
낯붉힌 일들보다
사랑한 날이 더 많았습니다

오늘 아침도
출근길에 입맞춤했는데
이웃들에겐
평생원수라 했다네요

내쫓을 생각도 없으면서
왜 그런 걸까요

외기러기 사랑

내 가슴에 그대를 채우려 해도
그대는 외면했지요

다가오지 않는 그대 사랑에
그리움만 키웠습니다

고백하면 받아주려나 생각할 때
아픔이 뭔지 알게 되었지요

아~
혼자서만 하는 가슴앓이는
이루어질 수 없다는 것을

욕망

흰머리 휘날리며
젊은 시절 이야기합니다

아내의 나이가 육십을 바라보는데
내 삶은 이십대를 걷고 있네요

이왕이면 십대의 삶
다시 살아보고 싶군요

용기

그대가 보고 싶어
소식을 보냈습니다

날마다
우체통이며 핸드폰에
그리움만 쌓이길래

직접 내 가슴에
그대를 담았습니다

우리에게 필요한 것은

늦은 밤 대담프로에는
자신들만 옳다는 사람들이 출연합니다

귀를 막았는지
그들만의 논조로 전쟁을 치루네요

의견이 다른 분들에겐
여지없이 총알을 날립니다

정해진 시간이 아니었다면
목숨을 다할 때까지 짜증나게 하겠지요

민심은 천심이라 하는데
언제까지 그들만의 세상에서 살려는지

전문가

평생
언어를 연구한 박사는
우리말이 과학적임을
평할 수 있고

오랜 세월
글을 써온 나는
그 언어로 쓴 작품을
평할 수 있고

전을 부치며

내일이면
함께 세상을 엮는 님의 생일이네요

살아오면서
수많은 날들 식사 준비했지만
내일은 사랑을 차려보렵니다

한평생
살 부비며 정 쌓은 님이니까요

종이

내 가슴에
그대 마음 적어주오

살며 살아가며
그대 가슴에
마중물이 되고 파

좋은 글 쓰고 싶다

글을 써서 세상에 내놓는다

내가 읽었을 때 맘에 들지 않아도
독자가 읽었을 때 가슴을 울리는 글

내가 읽었을 때 가슴을 울리고
독자가 읽었을 때 감동을 주는 글

활자의 힘을 빌어 움직임이 있는
희망찬 글을 써 내리고 싶다

짝사랑 2

그대를 좋아한다는 말
하늘에 대고 소리 질러도
흰 구름 너머로 사라져간
나의 목소리는 메아리도 없네

네가 좋아서
너무 좋아서
가슴이 아파서
하늘로 떠나보낸 그 말
구름이 가슴에 담고
하늘이 가슴에 담아
메아리로 올 수 없다네

잊으려 해도 잊혀지지 아니하고
모른 체하려 해도 자꾸만 생각나
그대 모습 지우고 멀리가려 해도
가슴으로 전해오는 그리움이
내 마음을 송두리째 흔들고 있어

아~, 마음을 얻는다는 것이
이토록 가슴앓이를 해야 하나
오늘 밤 내 가슴에
그대를 가득 채워야겠습니다

청소 1

책상위의 손자국
휴지로 닦으면
유리면이 깨끗해지고

가슴에 난 상처
내 사랑으로 닦으면
그대 마음 밝아지고

청춘의 봄

봄바람 부는 언덕에서
그대 마음에 호미질했지만
캐 담을 수 없었습니다

내 가슴에 담으면
잠 못 이룰 것 같아
아지랑이 안에 가두었지요

마음을 다잡고
펼쳐놓은 그대의 삶에
마중물이 되보려 합니다

추억 3

그대 가슴에서
그리움을 찾은 적 있지요

지금은 함께
추억 속에서 찾고 있습니다

그대도
그 사연의 주인공이니까요

춘곤증 1

봄 맞아 꽃 나들이 다녀오는데
눈꺼풀이 천근만근 무거워졌습니다

기다리는 가족들의 행복한 삶 위해
창문을 열고 바람도 쐬었지만
무게를 감당할 수 없었습니다

고속도로변에 차를 세울 수 없는데
게슴츠레 보인 졸음 쉼터
생리현상을 그곳에 놓고 왔습니다

춘곤증 2

내 마음을 열고 도로를 달렸어
한참을 봄날 풍경 누리는데
도깨비가 다가오는 거 있지
너무 무거워 도움을
시원한 바람에게 요청했는데
노곤함을 어찌할 수 없는 거야

어쩔 수 없어
휴게소에 차도 쉬라하고는
제대로 씨름 한 판 붙었지
뭐 별거 있었겠어
그리운 가족 품으로
무사히 돌아와 행복 누렸지

출근길

옷매무새 정리하다
거울에 비친 얼굴 보니

세월 먹은 주름살
행복 미소 보내네요

칫솔

내 몸에
치약을 묻혀
이를 닦아드립니다

그대와 매일같이
입맞춤하고 싶은 생각에

행복

출근길 현관에서
님이 주문을 외웁니다

사람 조심
차 조심
길 조심

그대가 외운 주술에 걸려
하루 종일 인형이 됩니다

형수

신비감 가득한 모습으로
언제나 다정하게 감싸주는
형수가 차려주는 밥상
받아보고 싶소

어머니가 차려주는 밥상
정성이 더 따스하겠지만
세상이야기 나누며
소통할 수 있는
내 삶의 마중물

세월이 흘러도 맺혀진 인연
영원하지 않을 수 없겠지요
형수가 내 가슴의 별이라서

제4부

알 수 없는 마음

겨울 준비

찬바람이 불어왔어
문간방 작은 집에도 찬 손님이 찾아왔나 봐
문을 두드려도 인기척이 없어 열었더니
그 안에서 얼굴 묻고 꼼짝 않는 거 있지
혹시나 하여 얼굴을 만졌는데
따스한 온기가 손끝을 타고 전해오는 거야
더 추워지기 전에
이사를 시켜주어야 할 것 같아
지하방으로 옮겨주려 해도 나오질 않네
어떻게 할까 고민하다가
아내가 사다놓은 간식으로 유혹했더니
두발 들어 올리며 달라는 거 있지
두 모자 집 정리한 후
지하방 전세주고 춥지 않게 살라 했어

꿈

스탠드는
작은 불빛으로
내 꿈을 키워주고

내 가슴은
그 불빛으로
호연지기 키워준다

동행

자전거는
내 도움으로
세상을 여행하고

나는
자전거 여행하며
세상을 구경하지요

땅따먹기

앞마당에서
땅따먹기 한 적 있지요

지금은 지도위에
선긋기 하고 있습니다

그 옛날 고구려 땅
우리나라면 얼마나 좋을까

몽당연필

잘 쓰지 않던 필통을 열었어
고물이라 볼 수 있는 필기구들
그중에 눈에 들어온 것은
볼펜에 끼어있는 몽당연필
아직도 쓰레기통을 모르는 것 보니
내 가슴에 친근한 사이였나 봐
살짝 집어 들어 글씨를 써보는데
볼펜 글씨만 받아주던 흰 종이
살짝 써 내린 연필을 거부하더군
가만히 생각해보니
그 시절보다 삶이 좋아진 거 있지
더 이상 침 발라 쓰지 않기로 했어

뭘 그리지

내 마음에
파란 하늘을 그려 보았어

앞동산에서 떠오른 태양
서해바다로 유영하길래
손가락으로 콕 찌르니
파란 물감이 쏟아져
바다를 이루었네

그 마음에 뭘 그리지

믿음

멋진 차는
누구나 태울 수 있지만

사랑하는 님만
내 가슴 흔들 수 있지요

밑줄 2

흰 도화지에 자를 대고
선을 여러 줄 그었습니다

줄 없이 글 쓸 땐
제멋대로 춤추었는데

선 따라 글을 써내리니
삶이 편안해졌습니다

보온병

보온병 뚜껑을 열면
뜨거운 정성이 담겨 있듯

따스한 가슴을 열면
세상 사람들이 곁을 주며
커피 한잔 나누어 먹겠지

볼펜

볼펜은 200자 원고지에
글자를 채우고

나는 써 내린 그리움으로
그대 가슴 흔들고

빈 항아리

빈 항아리에 꽃을 심으면
꽃 화분으로 살아나고

그 항아리에 시화를 그리니
님의 가슴이 살아 숨쉬고

사진 촬영

자, 준비하시고
김치 하고 포즈 취해 주세요

그러면 나는
당신의 가장 아름다움 추억
가슴속에 남겨 드리리다

손맛 2

고추장 추어탕 집에서
누룽지를 긁어 먹었습니다

돌솥에 가득 찬 쌀밥이
주방장의 마음을 숨겼네요

옛 추억을 생각했더니
어머니 손맛이 떠올랐습니다

알 수 없는 마음

커피 한 잔을 마시며
까만 잔속 들여다보았지요

갓 내린 커피가 뜨거워
입김 불어가며 들여다보는데

그대 마음이
깊은 가슴속에 숨었는지
잔 비워도 보이지 않네요

연륜의 맛

푸른 감은
젊어서 단단하지만
떫어서 먹을 수 없고

붉은 감은
익어서 무르지만
세월의 맛을 느낀다

욕심

높은 하늘에
내 마음 보내려고
연을 날렸습니다

아랫바람 부는데도
날아오르지 못하고
곤두박질치네요

자세히 보니
그대 향한 내 마음이
가슴 가득 차 있군요

입맞춤

일회용 컵은
사랑을 받고 싶어
내 입술에 짧은 온기 나누고

도자기 컵은
사랑을 나누고 싶어
내 곁에서 날마다 속삭인다

종이비행기

내 마음을 담은 편지
고이 비행기 접어
그대 가슴에 날렸습니다

바람 따라 다른 곳으로
날아갈 수도 있겠지만

내 그리움은 언제나
그대 가슴에 착륙하겠지요

청소 2

식탁 위를
물티슈로 닦으면
마음이 편안해지고

내 가슴을
그대 마음으로 닦으면
영혼이 맑아지고

촛불

그대 바람에 흔들릴까
바람막이 세웠습니다

불 꺼진 세상
그대 모습 볼 수 없어서

탁상달력

먼동이 터오면
내 얼굴 마주하며
일정관리 해주고

열두 달 365일
온 몸 바쳐
네 삶을 희생하는데

사람이 그리워
내 곁에 존재하는 너는
누구의 책사이더냐

팽이치기

빙판에서
팽이치기 한 적 있지요

지금은 관광지에서
놀잇거리로 찾고 있습니다

팽이 치던 것이 엊그제인데
전통놀이에 족보 올렸군요

감자심기

시골 동산 작은 밭에서
온 가족이 사랑을 나누었지요

밭이랑에 내 마음을 묻고
야무지게 정리했습니다

내 가족의 소망이
남몰래 자랄 테니까요

농부의 마음

고추 밭에
고추들이 붉게 물들고

붉게 물든 고추
바구니 한가득 채우니
벌레 먹은 열매
헤아릴 수 없네요

내 가슴은
애간장이 녹아
아내 눈치 살피는데

이랑에서 달음질치는
훈련 안 된 반려견
못 본 척 눈 감았습니다

농부의 눈물

예쁘게 피운 꽃들로
산을 쌓았습니다

코로나 바이러스가
기쁨을 앗아간 가슴에
쓰레기로 가득 찼네요

겨우내 길러온 정성도
행복을 꿈꾸던 농심도
고통만 남겨놓았습니다

배추밭에서

하늘 향해
나의 작은 가슴
펼쳐놓았습니다

파란하늘 구름사이
태양은 빛으로
온몸을 감싸주더군요

그 마음
사랑이 가득 담긴
따스함이란 걸 느꼈습니다

상황버섯

뽕밭에서
상황버섯 찾은 적 있지요

지금은 재배사에서
버섯을 키우고 있습니다

기초과학이
삶의 질 높여주니까요

생명 한 그릇

평생을 논에서 농사지은 분이
식탁에서 열을 식히고 있습니다

108번을 허리 숙여 지은 쌀이
자판기 커피값밖에 안 돼
서글픈 가슴 두드리지만

마음은 하늘같아
매일 아침 식탁의 주 메뉴로
생명을 나누고 있습니다

양파

보물 단지 열고 싶어
한 올 한 올 벗기었습니다

사랑하면 사랑할수록
가슴으로 흘러내리는 눈물

행복한 내일을 살고 싶어
그대 깊은 마음 훔쳤습니다

유채

유채가 지난겨울
유혹을 이기지 못하고
분탕질을 했습니다

너무 조숙하여 걱정했는데
동장군이 싹을 얼리더군요

4월에
님의 사랑 받을 수 있을까
부모 마음이 되어 봅니다

청명

농사일 시작하려 삽을 들고
논두렁을 손질했습니다

입춘이 지난
춘분과 곡우사이
농사력 5번째 절기

논물 가득 가두고
풍년농사 꿈꾸었습니다

호접난

나비 한 마리 날아와
내 마음에 앉았습니다

적혀진 이름표 살펴보니
머나먼 남쪽나라 사절이네요

그대 마음
오래 간직하고 싶어
물 한 모금 따라주었습니다

홍연(紅緣)

내 마음과
그대 마음을
붉은 실로 묶어주었습니다

나 아닌 우리로
살아가야 할 인생 길

한여름 밤 교향곡에 발맞추며
사랑의 실타래 가슴에 담고
천명을 함께하기로 언약했습니다

고인들의 명복을 빌며

아침에 현관문을 나서며
다녀오겠다 미소 짓던 그대여
국화꽃에 묻혀 뭘하고 있는가

사랑하는 가족들은
그대들이 돌아오길
아직도 기다리고 있는데
왜 그곳에서 웃고만 있는가

임인년 새해가 밝아와
세상 사람들은
새 희망을 꿈꾸고 있는데
어찌하여 그대들은
세상에 비보를 전하는가

누가 그대들을
불구덩이에 밀어 넣었느냐
누가 그대들을
생지옥에 밀어 넣었느냐
밀어 넣은 사람은 없다지만
그곳으로 왜 들어갔느냐

그대들이 있어야
나라도 있고
그대들이 있어야
사회도 있고
그대들이 있어야
행복도 존재하는데
하늘아 땅아
이 일을 어찌해야 하느냐

누군가의 아버지이고
누군가의 아들이고
누군가의 형이며 오빠이고
누군가의 동생일 텐데
천륜과 인륜이
하루아침에 끊기는 아픔
누구의 잘못이더냐

아~ 슬프도다
언제까지 이 나라는
희생자가 얼마나 더 나와야
이런 일이 생기지 않을까

그대들의 희생으로
나라가 바로 서고
다시는
평화로운 이 나라에
슬픔이 재발하지 않기를
두 손 모아 빌고 빈다

＊2022. 1. 6 새해 아침에
　평택 물류 창고 화재현장에서 송탄소방서 소방관 3명 순직
　(박수동 소방장, 이형석 소방경, 조우진 소방교)
　삼가 고인들의 명복을 빕니다

노년의 기원

궂은 날씨로 변하자
뼈마디가 아파왔습니다

젊은 시절엔
아픔을 모르고 살았는데
2막의 삶 나이테 두르니
온몸이 종합병동이네요

남아 있는 세상살이
병원 문턱 덜 드나드는
그런 삶이길 빌었습니다

문학세계대표작가선 961

이 세상에 뭘 그리지

진영학 시집

인쇄 1판 1쇄 2022년 2월 3일
발행 1판 1쇄 2022년 2월 9일

지 은 이 : 진영학
펴 낸 이 : 김천우
펴 낸 곳 : 도서출판 천우
등   록 : 1992. 2. 15. 제1-1307호
주   소 : 서울시 성동구 무학봉28길 6 금용빌딩 2F
전   화 : 02)2298-7661
팩   스 : 02)2298-7665
http://moonhak.wla.or.kr
E-mail : chunwo@hanmail.net

ⓒ 진영학, 2022.

값 13,000원

＊도서출판 천우와 저자의 서면 동의 없는 무단 전재 및 복제를 금합니다.
＊저자와의 협의에 따라 인지는 생략합니다.

ISBN 978-89-7954-862-4